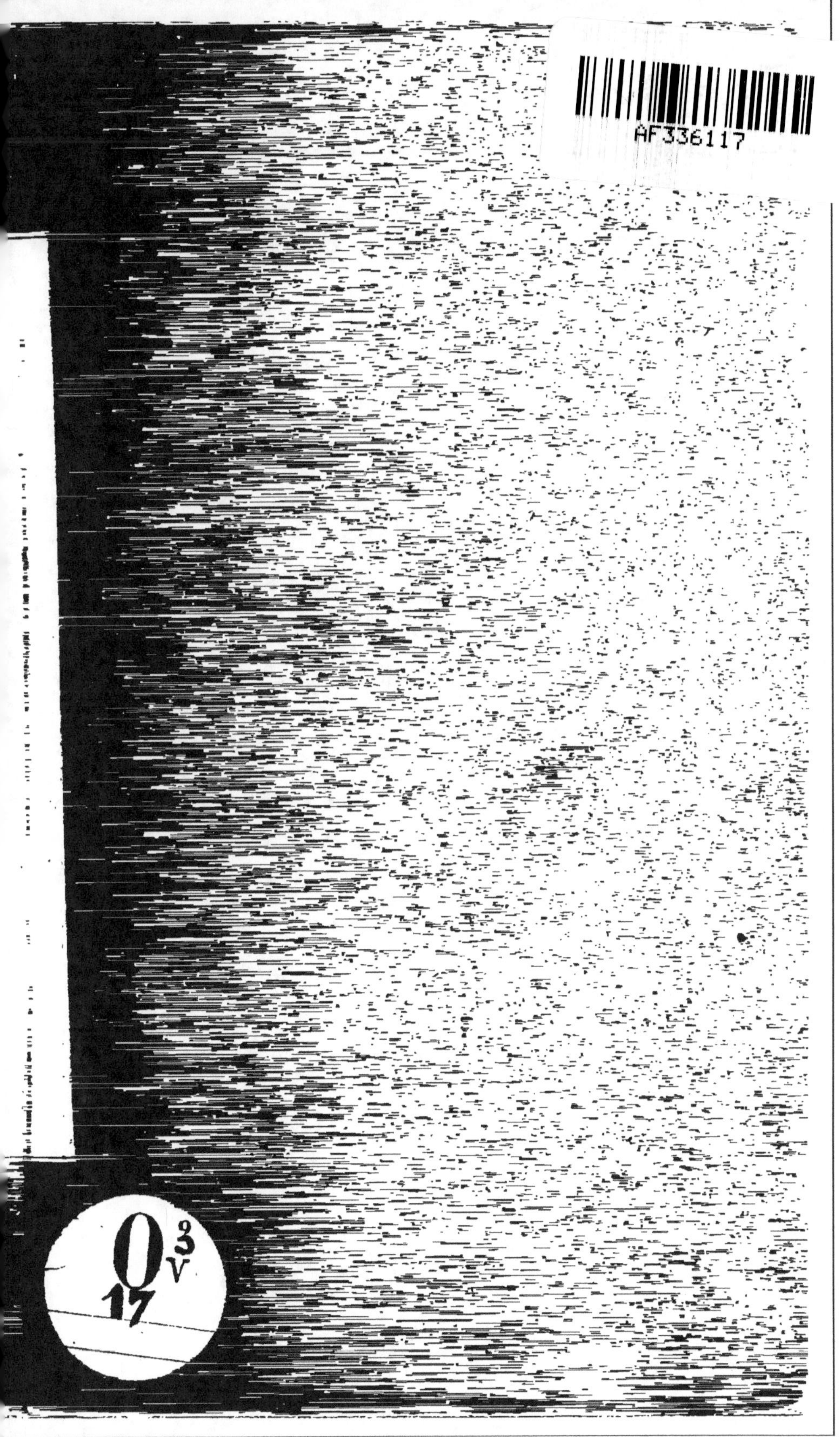

CRISTOPHER DELANO

PÉTRIFICATION

D'UN

CORPS HUMAIN

Paris, le 10 Août 1864.

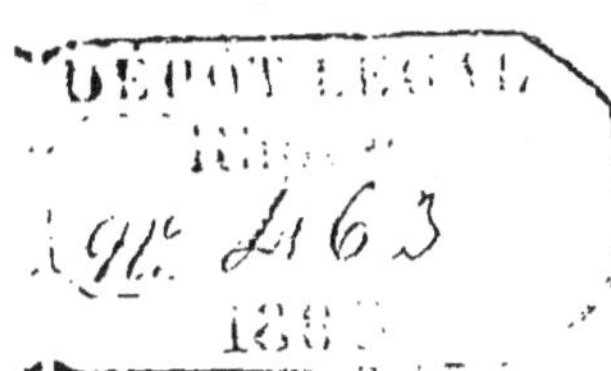

LYON

IMP. Ve CHANOINE, PLACE DE LA CHARITÉ, 10

1865

CRISTOPHER DELANO

PÉTRIFICATION

D'UN

CORPS HUMAIN

Paris, le 10 août 1864.

Il y a déjà bien longtemps qu'il a été dit :

« Examinez la nature et vous trouverez Dieu en elle ! »

Effectivement, tous les phénomènes qui se produisent et se révèlent chaque jour sous nos yeux, nous conduisent à cette grande vérité. L'esprit peut être frappé des merveilles produites par le travail de l'homme ; mais on rencontre dans la nature des faits bien plus merveilleux encore, qui captivent l'imagination et infligent une profonde humilité à notre pauvre humanité. Que de fois l'esprit d'investigation scrute la science creuse, pour trouver la raison d'être, et à bout de patience et de force, on lève les yeux vers le Ciel pour y chercher le dernier mot.

Ainsi, pour résumer ces idées sur l'objet qui va nous occuper, comment eût-on pu penser qu'après les efforts des Egyptiens, ce peuple patient et savant, qu'après les recherches faites plus tard par le comte de Saint-Germain, qu'après les scientifiques procédés de M. Gannal et autres, pour la conservation des corps humains, on découvrirait un jour que les éléments les plus simples, produits par la nature, pouvaient amener une conservation bien plus complète que celle tentée par la science à tous les âges du monde marqués par le progrès?

Le phénomène sur lequel nous appelons l'attention des savants d'abord, de tous les esprits scrutateurs ensuite, est, proprement dit, *une momie* dont la conservation n'est pas l'effet de l'art ou de la science, mais dont la pétrification n'est due qu'à des causes les plus naturelles.

Savants et philosophes sont restés frappés d'admiration devant cette merveille de la nature, ce spécimen unique, dont la réalité s'expliquera mieux encore par de scientifiques recherches, mais qui, dès à présent, constitue une curieuse découverte.

Un corps humain, conservé dans les proportions les plus parfaites et pétrifié dans le guano, trouvé après plus d'un siècle de séjour sur le même point, voilà le fait étrange !

L'homme, le plus parfait des animaux créés, attire plutôt l'étude sur lui-même ; car c'est l'être qui sait, réfléchit, agit, qui peut communiquer ses pensées par la parole, qui domine toutes les autres créatures du globe. Derrière l'homme ou après lui, il y a, pour les penseurs, ce vaste champ qui commence à la mort et finit à l'immortalité de l'âme.

L'enveloppe terrestre, le corps qui reste après le dernier souffle, cette dépouille mortelle a donc plus d'intérêt quand elle vient de l'homme lui-même, que d'un animal, fût-il le plus beau ou le plus terrible.

Aussi le corps humain que nous exposons aujourd'hui excite-t-il un intérêt général.

Cet étrange spécimen fut découvert dans l'île *Itchibor*, près les côtes d'Afrique, sous une épaisse couche de guano.

L'île Itchibor, découverte depuis longtemps, est restée presque inconnue jusqu'au moment où la découverte de l'utilité du guano poussa les navigateurs à rechercher partout cette source de richesse. L'esprit d'entreprise si cher aux Anglais fit bientôt de l'île

Itchibor une sorte d'*Eldorado*, malgré la topographie dangereuse de ses côtes, l'absence complète d'eau fraîche et de toutes les ressources de première nécessité.

Mais on pouvait s'enrichir sur ce point isolé, et les Anglais y transportèrent bientôt toutes les jouissances de la vie, en mettant en exploitation réglée les richesses de l'île.

Parmi les vaisseaux qui vinrent là, chercher un chargement, il y en eut un, le *Colchester*, capitaine Wethers, qui séjourna plus longtemps.

Ici nous conservons la relation faite par le capitaine anglais lui-même, nous réservant de citer un fait irrécusable qui prouve que l'esprit d'accaparement est toujours et partout le partage de nos voisins d'outre-Manche :

« A 40 pieds au-dessous de la surface, mes marins découvrirent un hamac en épais canevas. En le déroulant, nous reconnûmes avec terreur que ce hamac renfermait un corps humain complétement pétrifié, mais dont les dents avaient conservé leur émail et les cheveux le ton soyeux de la vie.

« Dans le hamac, se trouvait une douve de tonneau, sur laquelle on avait grossièrement gravé ces mots :

« Cristopher Delano. 1721.

« Apporté à Liverpool, ce corps fut considéré comme un des phénomènes les plus extraordinaires.

« Exposé au British-museum, l'attention des hommes de la science fut mise en émoi, et mille conjectures furent formées sur les causes qui avaient pu amener cet homme dans cette île.

« En examinant de plus près, on trouva qu'un coup de lance avait produit une blessure terrible en traversant l'épaule droite et atteignant la mâchoire.

« On est autorisé à croire qu'une pareille blessure a dû occasionner la mort.

« Les recherches faites portent à penser que, vers 1721, l'île d'Itchibor était un repaire de pirates, car un vaisseau anglais soutint, vers cette époque, un combat mémorable dans ces parages. On peut donc raisonnablement conjecturer que Cristopher Delano, d'origine espagnole, faisait partie d'une de ces hordes de pirates, ou, comme contre-partie, qu'il appartenait à quelque navire marchand qui aura été attaqué par les pirates.

« N'ayant pour guide que la douve de tonneau portant le nom et la date, on ne peut faire que des suppositions. »

En examinant le corps pétrifié, les anatomistes peuvent s'assurer, par la conformation du crâne et les lignes faciales, que le corps est d'origine européenne. Le bon état des dents indique un homme dans la force de l'âge; les yeux sont fermés, et le nez desséché laisse encore voir la plus grande partie des cartilages et des os dans un parfait état de conservation; l'épaule droite est élevée et contractée comme sous l'influence d'une violente douleur.

En regardant attentivement le visage, on est frappé de l'expression d'agonie que lui donne la bouche presque entièrement ouverte, et la langue portant l'empreinte de la morsure des dents.

Le palais, une des parties du corps humain qui subissent la première décomposition, est parfaitement conservé.

La poitrine, le ventre, les cuisses et les jambes ont encore leurs formes évidemment belles.

Les ongles sont ceux d'un homme vivant.

Il doit être du plus haut intérêt de savoir par quelles phases phénoménales a passé cette masse humaine avant d'arriver à ce degré de pétrification.

On n'eût jamais songé à classer le corps humain parmi les matières qui peuvent accepter la pétrification. Au contraire, avec le temps, il subit des métamorphoses favorisées par une substance particulière et graisseuse comme de la cire.

En 1786, en exhumant du cimetière des Innocents, à Paris, des milliers de corps renfermés dans des bières de bois, on trouva ces cadavres recouverts de cette couche graisseuse, qui porte le nom particulier d'*adipocire*.

Nous n'avons pas besoin de signaler la différence notable qui existe entre la momification naturelle de *Cristopher Delano* et les embaumements faits par les Egyptiens, les Juifs, les Grecs et les Romains.

Un seul exemple, presque aussi merveilleux, s'est présenté à Baltimore. Le corps d'une femme exhumé en 1854, quatre ans après la mort, fut trouvé pétrifié comme un bloc de marbre blanc ; il pesait 750 livres.

On s'est rappelé que le jour de la mort le poids était de 110 livres.

Après avoir donné satisfaction à la verve de causerie du capitaine Wethers, du Colchester, nous avons besoin de citer un fait, qui, en démentant quelques-unes de ses assertions, vient corroborer cependant tout ce qui a été dit sur *Cristopher Delano*.

Le corps, avant d'être apporté à Paris, a été exposé à Rouen, et là il fut reconnu par celui qui l'a réellement découvert dans l'île Itchibor.

Voici, à ce sujet, l'extrait du *Journal de Rouen*, du 4 août 1864.

« On sait qu'il y a quelques jours on montrait dans la rue Grand-Pont, le corps d'un homme curieusement conservé. et qui était mort, disait-on, en 1491. Il résulte d'un renseignement fourni par une personne de notre ville que la date a été mal traduite et que c'était 1721 qu'il fallait lire.

« La personne dont nous parlons, ancien marin, officier de la Légion-d'Honneur, a reconnu le corps, et ses souvenirs à ce sujet se sont réveillés; il a déclaré avoir découvert ce spécimen d'étonnante conservation dans l'île Itchibor, où il se trouvait, sur le navire *Mariposa*, qu'il commandait. Voici, à ce sujet, la copie de son journal de bord :

« L'île Itchibor est dans la latitude 26°, 24 sud, longitude 14°, 55 est, 15 milles au nord de Angra-Requina et 36 milles au sud de l'île Mercury.

« Le 27 janvier 1844, on a trouvé à Itchibor, sous une couche de guano, un corps humain très-bien conservé dans un hamac marqué *Cristopher Delano*, 5 mars 1721. On l'a remis sur le haut de l'île.

Plus tard, notre compatriote apprit qu'un capitaine de navire anglais avait fait enlever le corps et l'avait vendu un prix assez élevé à un Américain. »

En donnant leur juste valeur aux prétentions du capitaine Wethers, cet article rend au capitaine L..., de la *Mariposa*, tout le mérite de la trouvaille.

C'est au moment où le capitaine français revenait pour prendre le corps de Cristopher Delano, qu'il apprit qu'un capitaine anglais l'avait enlevé.

Il n'y a aucun malentendu sur la date. La douve existe, elle accompagne le corps, et nous soutenons que cette date ne peut être que celle de 1721.

Maintenant, parlons de la conservation merveilleuse produite par le guano, et avant d'arriver aux excellentes observations insérées dans le *Journal du Havre* par M. Lennier, conservateur du Musée d'Histoire naturelle au Havre, citons quelques bonnes lignes écrites dans le journal le *Siècle*, sur les îles à guano. Ceci a pour but de faire connaître à tous l'origine de cet engrais remarquable, dont chacun parle, ne le connaissant souvent que de nom.

Ces lignes ont rapport aux *îles Chinchas*, dont l'Espagne s'est emparée violemment aux dépens du Pérou.

« Les îles Chinchas ou îles à guano (il faudrait écrire *huano* en aspirant fortement l'*h*) que l'Espagne vient d'occuper, sont situées dans l'Océan pacifique, sur la côte ouest du Pérou, à environ dix milles du port de Pisco. Elles se composent de trois petites îles, solitudes qui surgissent du sein de la mer. Celle qui se trouve au nord est la plus exploitée ; elle contient le principal établissement, composé d'une centaine de cabanes en bois, habitées par deux cents ou deux cent cinquante individus.

« Par une singulière antithèse, ces îles, qui fournissent au monde entier la fertilité, sont par elles-mêmes absolument stériles, et présentent un aspect triste, nu et désolé. La surabondance d'engrais y empêche la végétation.

« L'île nord mesure une étendue de 4,200 pieds sur une largeur de 1,500 à 1,800. Elle dépasse d'environ 160 pieds le niveau de la mer.

« Le guano, produit par l'accumulation des excréments de différents oiseaux marins, forme des couches tantôt brunâtres, tantôt rosâtres.

« Les huttes des habitants sont établies sur le guano même. Tous les moyens de subsistance, jusqu'à l'eau potable, doivent être tirés du continent. Aussi la vie est-elle très-chère sur ces îles, quoiqu'elle n'y soit nullement désagréable. Un excellent hôtel y est installé, offrant aux voyageurs toutes les ressources du *comfort*.

« En mai 1859, la population de l'île nord comprenait 50 Européens, 50 Chinois, 250 Péruviens et nègres. La majorité de cette population se composait de travailleurs (*mangueros*, *al arrotadores*) occupés incessamment à découper le guano durci et à le transporter aux points d'embarquement. Ces travailleurs gagnent un demi ou deux dollars espagnols par jour. Quant aux Chinois, on leur donne cinq dollars par mois et une ration quotidienne de riz : c'est assez dire à quel point les patients fils du Céleste-Empire sont exploités par les entrepreneurs.

« Les îles Chinchas passent pour être extrêmement saines. Les émanations ammoniacales que dégage le guano sont plutôt favorables que nuisibles aux appareils respiratoires. On assure même que des personnes ayant apporté du continent le germe des maladies de poitrine ont quitté les îles tout à fait guéries.

« Après quelques tentatives d'exploitation, l'île du milieu a été absolument abandonnée. Quant à l'île située le plus au sud, elle se trouve dans l'état le plus primitif, et ne porte encore aucune trace de l'activité humaine. »

Nous avons là un premier aperçu des qualités du guano, dont les émanations ammoniacales sont favorables aux vivants ; nous allons arriver aux vertus qu'il possède pour la conservation des morts, grâce aux observations du savant M. Lennier, qui a écrit, en parlant du corps de *Cristopher Delano* :

« Son état de conservation est parfait, et la couche peu épaisse de matières étrangères qui l'enveloppe suffit pour lui enlever l'aspect cadavérique, tout en le rendant plus intéressant au point de vue scientifique.

« LENNIER,

« Conservateur du Musée d'Histoire naturelle au Havre. »
(Extrait du *Journal du Havre*.)

———

Un journal scientifique a accueilli avec faveur les observations suivantes, que nous donnons en extrait :

« Nous recevons de M. Lennier, conservateur du Musée d'Histoire naturelle, la note suivante sur le corps momifié dont l'exhibition a lieu aujourd'hui dans la maison de M. Warnod, sur le boulevard Impérial.

« Vous avez entretenu vos lecteurs de l'homme pétrifié recueilli dans les couches de guano de la côte d'Afrique. Je crois vous être agréable en complétant votre intéressante communication par quelques observations scientifiques que m'a suggérées l'examen de ce curieux spécimen de fossile contemporain.

« Le guano, tout le monde le sait, est un produit organique résultant de l'accumulation des excréments d'oiseaux aquatiques, mêlés à des débris d'animaux marins, tels que des phoques et des oiseaux de mer. Les dépôts de guano exploités comme engrais forment des couches de 20 à 30 mètres d'épaisseur.

« L'analyse chimique a révélé dans cette substance, précieuse à tant de titres, de l'acide urique, de l'acide oxalique et phosphorique, de la chaux, de l'ammoniaque et de l'oxyde de fer. La réunion de ces différents corps suffit pour expliquer la conservation des cadavres qui se trouvent subitement recouverts par les dépôts en voie de formation.

« Depuis longtemps déjà on peut remarquer au Musée, dans les collections que possède la ville, plusieurs exemplaires d'animaux recueillis dans les dépôts de guano des îles Chinchas, à des profondeurs diverses. A la surface du corps de ces animaux, comme sur le corps humain que l'on vient d'exposer, on remarque, en l'examinant avec une loupe, la présence de petits cristaux de sels ammoniacaux qui indiquent que la conservation de ce cadavre est due surtout à l'ammoniaque.

« Cet homme appartient bien évidemment à la race caucasique. C'est ce que révèlent, à première vue, le développement des os du bassin, la forme arrondie de la tête dont le crâne régulier, ovoïde, domine complétement la face, celle-ci ne faisant saillie, ni en avant par la projection des mâchoires (caractère de la race éthiopienne), ni sur les côtés, par le développement des pommettes (caractère de la race mongole). »

Après la science et ses austères vérités, voici la fable, la légende, qui ouvrent le champ des suppositions les plus diverses.

Lorsque le corps de Cristopher Delano fut exposé dans la ville du Havre, il excita une grande curiosité, surtout parmi les marins de tous les pays. En face de ce phénomène, que d'observations furent échangées, que de souvenirs furent rappelés, que de probabilités furent hasardées !

Sur l'origine de Cristopher Delano, impossible de se mettre d'accord ; chacun réclamait pour sa nationalité propre.— Deux spectateurs, cependant, paraissaient plus affirmatifs : l'un Norwégien, le capitaine Oscar Arrhus, commandant le trois-mâts *la Dalécarlie*, soutenait que l'origine doit être scandinave, parce que le nom de Cristopher a été fort usité autrefois dans les pays du Nord.

L'autre, au contraire, le capitaine Martinez Silva,

du navire *le Riego*, pariait pour l'origine espagnole. Tous les deux promirent de faire quelques recherches et de nous les communiquer. Ils ont tenu parole, et voici la première lettre que nous avons reçue :

LETTRE D'UN CAPITAINE NORWÉGIEN.

« Ile d'Alsen, 1er août 1864.

« MONSIEUR ,

« J'ai fait quelques recherches sur l'origine de votre précieux spécimen. Aujourd'hui, je puis vous affirmer que *Cristopher* est bien un nom scandinave. Je n'en veux pour preuve que la vieille ballade que l'on chante encore aujourd'hui dans l'île d'Arroé (l'antique Aroa), appartenant au Danemark.

« J'y ai trouvé une singulière coïncidence avec l'histoire probable de votre sujet.

« Du nom de Delano, aucune trace jusqu'à présent.

« Veuillez agréer, etc. etc.

« Oscar ARRHUS ,
« Commandant le trois-mâts *la Dalécarlie*. »

P. S. — « Au moment de fermer ma lettre, on m'apprend qu'au commencement du XVIIIe siècle, il y a eu à Alsen un marin surnommé *Cristopher l'Aventurier*, qui était fort soupçonné de faire la traite. Celui-là a cent histoires extraordinaires sur son livre de bord. »

Voici la traduction bien effacée, sous le rapport poétique, de la ballade envoyée par le capitaine Arrhus :

« Voyez, au sud d'Aroé, l'île des couples fortunés ; voyez ce rocher qui s'avance dans la mer et sur lequel on voit apparaître, vers le crépuscule, l'ombre d'une jeune fiancée. »

« Depuis bien des années toute son âme était au delà des mers, car celui qu'elle aimait était parti !.. Ceux qui l'accompagnaient, tous braves enfants de la Norwége, ont promis de le ramener mort ou vivant. »

« Cristopher, enfant de la mer, hardi navigateur, aimait la belle Merina ; mais il n'avait aucune richesse, et le père de Merina refusait de les unir. »

« Que l'Océan te porte vers d'autres rivages, toi, si brave, disait le vieillard, et reviens avec des traits de courage que raconteront tes amis, et des richesses que renfermeront les flancs de ton vaisseau. »

———

« Et Merina pleura, pleura toutes les larmes qui forment ce petit ruisseau qui scintille là-bas au soleil, et va se jeter dans la vaste mer, après avoir joué sous les saules... Mais Cristopher partit néanmoins, poussé par son amour. »

———

« Les heures s'écoulèrent, les jours disparurent, les années s'effacèrent elles-mêmes et rien, rien à l'horizon ! Merina, les yeux fixés sur la mer, attendait toujours. »

———

« Enfin, elle a reconnu les voiles... Sa propre image, grossièrement taillée à la proue du navire, apparaît à ses yeux... Elle ne s'évanouit pas de joie, la forte fille du nord... et s'élance vers le port... »

———

« Tous les marins sortent un à un du navire..
Mais le commandant? Ah! son rang lui prescrit le
devoir de sortir le dernier... Rien encore! Et tous les
marins ont les yeux baissés vers la terre. »

« Et Cristopher? s'écria Merina. — Mort en brave,
répond l'un d'eux, après mille vaillants exploits! —
Son corps, alors, reprend en sanglotant la triste
fiancée, car vous avez juré de le ramener mort ou
vivant. »

« Fuyant devant un ennemi nombreux, nous n'a-
vons pas pu remplir notre promesse. Son hamac lui
sert de linceul, et la voûte du ciel est le caveau que
méritait un si grand courage. »

« Lâches! trois fois lâches! ceux qui abandonnent
leur chef, s'écrie Merina d'un ton exalté... Je vous
laisse à votre honte, et je vais demander à Dieu de
me ramener Cristopher, puisque les hommes sont
impuissants. »

« Elle s'élança sur ce rocher où elle pleura le mort aimé, oubliant père, amis, patrie... Elle y mourut... en fouillant l'horizon de ses yeux minés par les larmes... »

———

« Voilà pourquoi son ombre vient encore aujourd'hui attendre, toujours attendre, parce que l'ombre ne meurt pas, elle ! »

———

Une autre lettre, datée de Cadix, et signée par le capitaine Martinez Silva, nous est également parvenue. La voici :

« MONSIEUR,

« Comme je vous le disais au Havre, les *Delano* sont connus ici ; le nom est ancien. Il y a plus de cent ans qu'un Delano, de Murcie, qui a eu de grandes aventures, a fait de la flibuste, accompagné de Dolorès Serral qui le suivait partout déguisée en homme.

« Cette Dolorès, une fine fleur de l'Andalousie, avait été refusée par son père, Grand d'Espagne, au marin Delano. Celui-ci enleva simplement l'objet de son amour, et tous deux disparurent.

« Cette histoire eut son dénouement quinze ans après. Delano avait péri d'un terrible coup de lance qu'il reçut dans un combat contre les Indiens.

« Dolorès revint à Murcie avec d'immenses richesses qui lui permirent de fonder le magnifique couvent des *Dames de Murcie*, qui existe encore aujourd'hui.

« Elle y mourut si bien en odeur de sainteté qu'elle fut canonisée sur la demande de son père, le Grand d'Espagne, qui avait refusé sa main au marin Delano.

« Il est évident que c'est votre homme. Remarquez bien ces mots : *Il mourut d'un terrible coup de lance.*

« Néanmoins, si j'apprends quelque chose de nouveau, je vous en ferai part ; car le surnom de Cristopher me déroute un peu.

« Veuillez agréer, etc.

« MARTINEZ SILVA,
« Capitaine du *Riégo.* »

Nos renseignements et nos conjectures s'arrêtent là, et nous nous résumons :

La date de 1721 doit être acceptée par nous comme la plus probable, d'après la coiffure d'abord, car elle a le cachet d'une époque déterminée, puis, d'après les renseignements historiques sur les faits qui ont dû se passer à la même époque dans les parages où le corps a été trouvé.

Maintenant si les observations du savant M. Lennier, du Hâvre, sur les qualités conservatrices du guano, pouvaient être mises en doute, les affirmations de M. L..., de Rouen, fonctionnaire élevé, officier de la Légion d'honneur, qui a trouvé lui-même le corps de *Cristopher Delano*, convaincront les plus incrédules.

Impr. Ve Chanoine, Lyon.

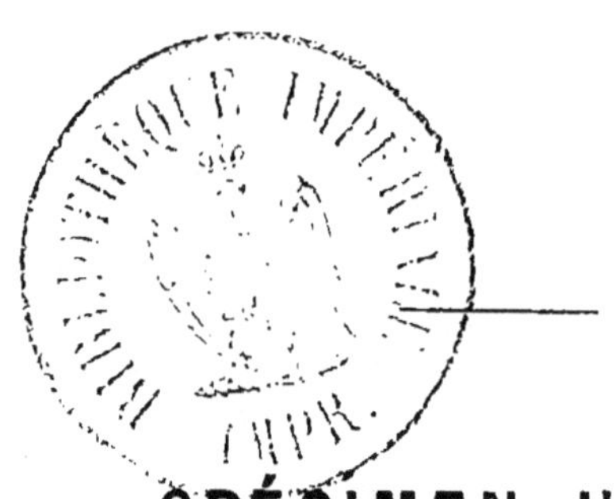

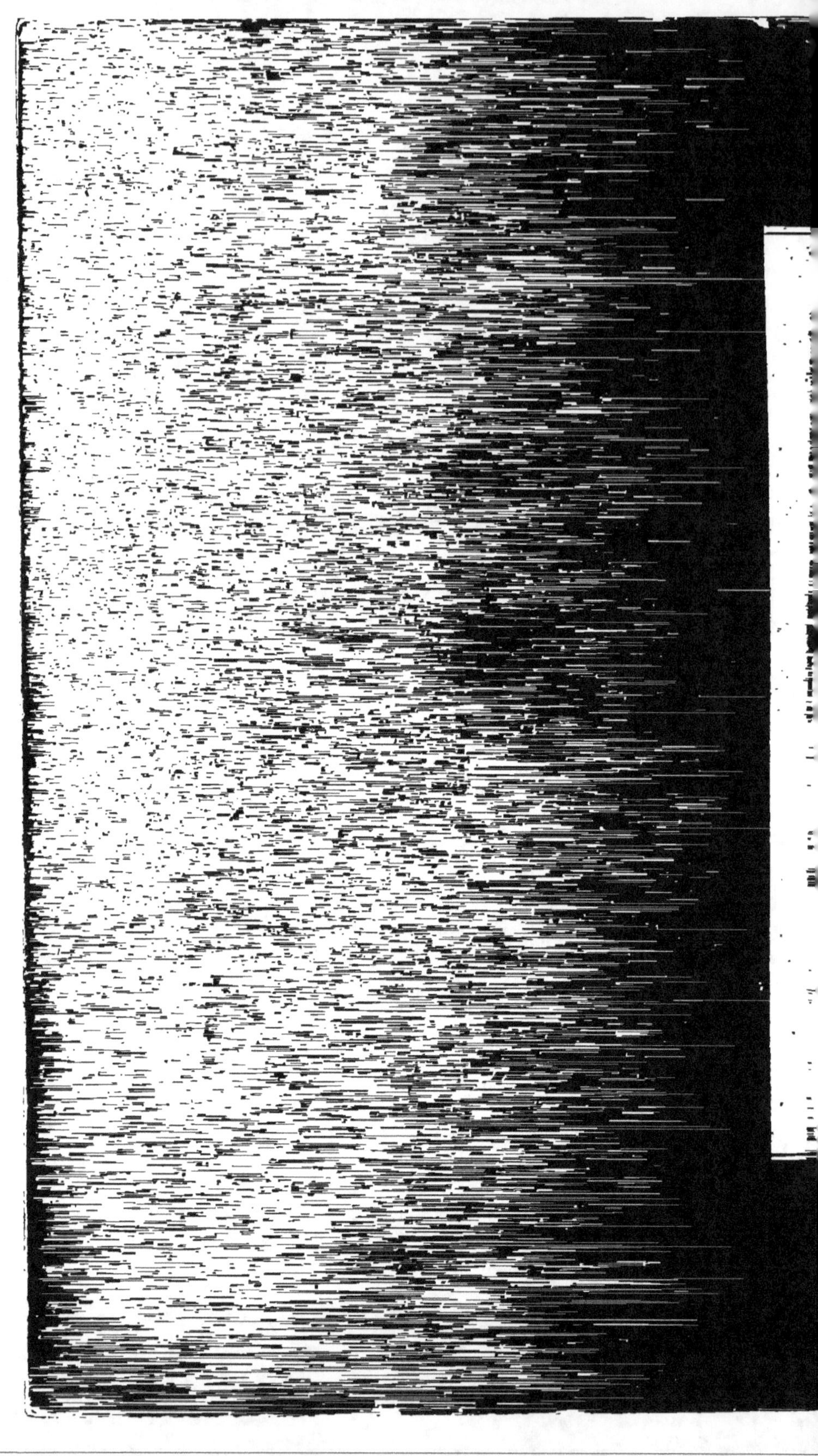

www.ingramcontent.com/pod-product-compliance
Lightning Source LLC
LaVergne TN
LVHW012316050726
842524LV00004B/1433